BOEKANALYSE

AF143867

Heer der vliegen
• • • • • • • • • • • • • • • • • •

WILLIAM GOLDING

BOEKANALYSE

Geschreven door Florence Hellin
Vertaald door Nikki Claes

Heer der vliegen

WILLIAM GOLDING

WILLIAM GOLDING

BRITSE SCHRIJVER

- **Geboren in St Columb Minor (Cornwall) in 1911**
- **Overleden in Falmouth in 1993**
- **Opmerkelijke werken:**
  - *Heer der vliegen* (1954), roman
  - *De erfgenamen* (1955), roman
  - *Vrije val* (1959), roman

William Golding (1911-1993) was een Britse auteur. Hij studeerde Engelse literatuur aan de Universiteit van Oxford, voordat hij bij een theater werkte als acteur, auteur en producent. Later werd hij hoogleraar Engels en filosofie.

In 1940 werd hij opgeroepen voor de marine en nam hij deel aan de landing op de Normandische kust. Deze ervaring heeft zijn visie op de mensheid diepgaand beïnvloed. Zijn werk wordt dan ook gekenmerkt door een diep pessimisme en tracht de onherstelbare val van de mens en de triomf van het kwaad aan te tonen.

In de jaren zestig trok hij zich terug uit het onderwijs en wijdde hij zich aan de literatuur. In 1983 kreeg hij de Nobelprijs voor de Literatuur.

HEER DER VLIEGEN

EEN ALLEGORIE VAN DE STRIJD TUSSEN BESCHAVING EN BARBARISME

- **Genre**: roman

- **Referentie uitgave:** Golding, W. (1954) *Lord of the Flies.* New York: Berkley Publishing Group.

- **Eerste uitgave**: 1954

- **Thema's**: sociale groepen, wreedheid, waanzin, macht, angst, overleven

Heer der vliegen is een roman die in 1954 verscheen na verschillende weigeringen van uitgevers. Ondanks de aanvankelijk zwakke verkoop werd het boek een bestseller en is het nu opgenomen in het lesprogramma van veel scholen.

De roman vertelt de avonturen van een groep kinderen, die alleen op een onbewoond eiland terechtkomen na een vliegtuigongeluk waarbij alle volwassenen zijn omgekomen. Al snel organiseren de kinderen zich door te proberen de sociale patronen die ze kennen te reproduceren, maar spanningen in de groep leiden ertoe dat ze elkaar verscheuren. *Heer der vliegen is* een allegorisch werk en toont de kwetsbaarheid van de beschaving en de natuurlijke neiging van de mens om te vervallen in wreedheid en barbarij.

SAMENVATTING

ORGANISATIE OP HET EILAND

Aan het begin van een nucleaire oorlog stort een vliegtuig neer op een afgelegen eiland. Alle volwassenen komen om. Twee kinderen, Ralph en Piggy, vinden een schelp op het strand, een schelp die een oorverdovend en krachtig geluid produceert als je erin blaast. Ze gebruiken het om de overlevenden te verzamelen. Tientallen kinderen verspreid over het eiland beantwoorden de oproep en verzamelen zich rond Ralph. Een groep schoolkinderen, met aan het hoofd een jongen genaamd Jack Merridew, sluit zich bij hen aan.

Om het dagelijks leven op het eiland te organiseren hebben de kinderen een leider nodig en daarom wordt er gestemd. Het gaat tussen Ralph en Jack, en Ralph wordt gekozen vanwege de fascinatie die hij bij de andere kinderen oproept. Hij voert een systeem in dat iedereen de kans geeft zich uit te drukken: alleen degene die de schelp in zijn hand heeft, heeft recht van spreken. Als gebaar van vriendschap laat de jongen de leiding van het kinderkoor over aan Jack. Hij is gepassioneerd door deze onderneming en gelooft dat het bos, dat hen gezellig lijkt, in werkelijkheid angstaanjagend is. Ralph besluit ook een vuur te maken op de top van het eiland, zodat ze een kans hebben opgemerkt en gered te worden. Het toezicht erop wordt toevertrouwd aan Jack en zijn koor.

Dan begint de installatie op het eiland. Er worden hutten gebouwd om de kinderen een minimum aan comfort te bieden. Deze taak is echter niet zonder moeilijkheden voor Ralph, aangezien hij de enige is die volledig in het project investeert.

Tijdens een vergadering merkt Ralph dat zijn kameraden, die voorheen gelukkig waren, bang lijken. Jack grijpt in en geeft de jongeren de schuld van hun nachtmerries. Sommigen delen hun angsten: één beweert een beest uit de oceaan te hebben zien komen, terwijl anderen het bestaan van geesten oproepen. De spanning loopt zo hoog op dat er een gevecht ontstaat tussen de twee kinderen: Jack beschuldigt Ralph ervan geen goede leider te zijn. Ralph wil zijn post verlaten, maar Piggy haalt hem over dat niet te doen omdat hij bang is voor Jack.

Op een dag, wanneer Jack met zijn groep gaat jagen, zien Ralph en Piggy rook van een boot in de verte. Helaas is het eilandvuur uit, wat de leider erg boos maakt. Wanneer de jagers terugkeren met een vangst, staat Jacks vreugde tegenover Ralphs zwijgen, die hem niet kan vergeven dat hij het vuur heeft laten doven. De twee leiders kijken elkaar minachtend aan, maar Jack pakt in plaats daarvan Piggy, die probeert tussenbeide te komen, en breekt zijn bril. De band tussen de twee vrienden is nu verbroken.

EEN MONSTER OP HET EILAND

Terwijl de kinderen slapen, klinkt er een schot: een vliegtuig is ontploft en een parachutist is ontsnapt. Alleen Eric en Sam, de tweeling, hebben iets gezien terwijl ze naar het vuur keken. Ontredderd keren ze terug naar het kamp en er wordt een rit georganiseerd. Onderweg komt de troep een zwijn tegen dat Ralph weet aan te raken. Bedwelmd beginnen de kinderen een dans en brengen een gesimuleerd offer op één van hen.

Geleidelijk aan verspreidt zich onder de kinderen het gerucht dat er een monster op het eiland is, terwijl er niets anders is dan het levenloze lichaam van de parachutist. Dan wordt besloten dat ze op zoek zullen gaan, om de angsten van de kleintjes te bedaren. Jack trotseert Ralph en Robert en gaat samen met hen op zoek naar het beest. Maar bij het zien van een onduidelijke vorm die steeds groter wordt, rennen de jongens weg. Daarom trekt Jack de kwaliteiten van Ralph in twijfel en vraagt de kinderen partij te kiezen. Aarzelend doet niemand wat hij hem opdraagt. Vernederd vertrekt Jack.

Samen met de jagers organiseert Jack zijn eigen clan en stelt voor een offer te brengen aan het monster: hij spietst de kop van een zeug op een pin. Simon, die het tafereel bijwoont, is verontrust door de varkenskop en de zwerm vliegen erom- heen. In een roes gelooft hij dat de zeug de Heer der vliegen is, een demonische kracht, en dat die zich tot hem richt. Later, nadat hij weer bij zinnen is gekomen, ontdekt hij de waarheid over het vermeende monster en besluit hij de anderen te waarschuwen voor zijn ontdekking.

Uiteindelijk kiest de meerderheid van de kinderen de kant van Jack. In zijn bolwerk regeert hij met terreur: hij en Roger nemen hun toevlucht tot vernederingen en martelingen. Ralph en Piggy maken zich zorgen en gaan ook naar Jacks kamp. De groep begint een tribale dans en Ralph doet met tegenzin mee. Maar een figuur die volgens hen het monster is, onderbreekt de cirkel. De kinderen, ongeremd, slaan het met geweld neer. Ze hebben Simon, die sterft door hun slagen, niet herkend. Hij was gekomen om hen uit te leggen dat het monster niemand minder was dan de parachutist. Ralph ziet zijn dood als een moord en niet als een ongeluk. Dus keert hij terug naar zijn hut met Piggy.

Daar horen ze een stem die Piggy's naam fluistert. Er volgt een gevecht, maar de aanvallers vluchten en nemen Piggy's bril mee. Ralph, ervan overtuigd dat deze aanval door Jack is veroorzaakt, gaat met Piggy, Eric en Sam naar zijn kamp. Het duel tussen de leiders is wreed: ze vechten met speren. De tweeling, Eric en Sam, worden gebonden en meegenomen. Piggy, uitgerust met de conch, vraagt om te spreken en probeert de geesten te kalmeren. Verborgen balanceert Roger een hefboom die een enorme steen vasthoudt. Deze rolt van de helling af en raakt de jongen met volle kracht: hij stort vijftien meter lager neer, dood. Ralph, ernstig gewond door Jack, vlucht. Hij gaat naar het bos en weet Sam en Eric te benaderen, die nu in dienst zijn van Jack. De tweeling raadt hem aan te vluchten omdat er de volgende dag een rit gepland staat om hem te vinden.

De jongen wordt achtervolgd. Om de voortvluchtige uit het struikgewas te krijgen, steekt Jack het bos in brand. Bedreigd door het vuur en door de wreedheid van andere kinderen, komt Ralph uit zijn schuilplaats. Dan stort hij op het strand in voor de ogen van een officier, die gealarmeerd is door het vuur dat het hele eiland vult en zijn boot voor anker legt. De kinderen verzamelen zich geschokt. Na een korte aarzeling barsten ze in tranen uit voor de stomverbaasde volwassenen.

KARAKTERSTUDIE

RALPH

Ralph is een van de oudste kinderen op het eiland. Hij wordt na een stemming tot leider gekozen, niet vanwege zijn bijzonder heldhaftige daden, maar vanwege zijn charisma. Hij is een uitstekend spreker en weet wanneer hij moet spreken en wat hij moet zeggen om de ongeruste kinderen gerust te stellen.

Als opperhoofd neemt hij belangrijke beslissingen voor het goed functioneren van de groep: hij zorgt ervoor dat er een vuur is om rooksignalen af te geven, hij gebruikt de schelp als uitdrukkingsmiddel, hij begint met het bouwen van hutten, hij vertrouwt Jack toe om te gaan jagen, enz. Ralph houdt steeds in gedachten wie hij en de andere kinderen waren vóór de landing op het eiland, namelijk goede Engelse schoolkinderen. Die herinnering stelt hem in staat om het beetje beschaving dat ze nog hebben te behouden en zich niet over te geven aan decadentie.

Het personage verliest echter zijn invloed op de andere kinderen naarmate de macht van Jack toeneemt. Deze verzwakking van het prestige gaat gepaard met een inkrimping van zijn leiderschapseigenschappen: hij vergeet vaak de redenen voor zijn daden en moet vertrouwen op de hulp van Piggy. In deze momenten van kwetsbaarheid worden zijn vlotheid en zijn leidersgeest volledig vernietigd ("Hij pauzeerde lamlendig terwijl het gordijn in zijn hersenen flikkerde", hoofdstuk 11). Zijn briljante geest kan niet volledig weerstand bieden aan de wreedheid die zich van de andere schoolkinderen meester heeft gemaakt.

Ralph treedt op als de vertegenwoordiger van orde, beschaving en een positieve macht, gericht op het algemeen welzijn. Door op hun vroegere leider te jagen, verwerpen de kinderen elke vorm van moraal of verantwoordelijkheid tegenover de maatschappij.

JACK MERRIDEW

Jack Merridew is ook een van de oudste op het eiland, samen met Ralph. Hij is het hoofd van de koorgroep. Hij is een natuurlijke leider, aangetrokken door macht, waar hij niet zonder kan. Hij is ook woedend omdat hij niet in de plaats van Ralph is gekozen en zijn dorst naar macht is zo groot dat hij het rivaliserende kamp verlaat om zijn eigen kamp te vormen. Daarnaast is de jacht zijn passie: hij is gefascineerd door de macht die hij voelt bij het opsporen en doden. Dit verlangen naar overheersing groeit en wordt steeds irrationeler, tot het punt waarop hij de gebruikelijke varkensjacht vervangt door een mensenjacht, namelijk op Ralph.

Jack is de tegenpool van Ralph, met wie hij wel een zeker charisma deelt. Zijn manier van organiseren, minder dwingend dan die van Ralph, is aantrekkelijker voor de jonge kinderen, die in het moment leven. Maar zijn macht is gewelddadig, brutaal en gebaseerd op de bevrediging van de meest primitieve instincten. Het is gebaseerd op angst, vernedering en marteling.

Jack vertegenwoordigt de slechtste aspecten van menselijk gedrag dat, wanneer het niet wordt gecontroleerd of getemperd door de regels van de beschaving, leidt tot wreedheid.

PIGGY

Piggy, wiens echte naam nooit wordt onthuld, vertegenwoordigt de derde kracht na Ralph en Jack. Hoewel hij over intelligentie en reflectievermogen beschikt die de anderen niet bezitten, verhinderen zijn broodmagere lichaamsbouw en astmatische fragiliteit hem om gehoord te worden en zich aan de anderen op te dringen. Aangezien hij de hoogste rang niet kan bekleden, wordt hij de rechterhand van Ralph. Toch speelt hij een cruciale rol in de groepsorganisatie: zonder hem en zijn bril was de brand nooit mogelijk geweest.

Bovendien geeft hij blijk van rationaliteit wanneer de kinderen zich laten overhalen door angst veroorzaakt door onwetendheid, zoals wanneer hij het bestaan van geesten ontkent. Zijn laatste interventie is een laatste poging om een beroep te doen op de rede en de orde. Maar zijn tragische dood en de vernietiging van de schelp maken een einde aan elke kans op terugkeer naar de beschaving. De afdaling naar wreedheid is nu onherstelbaar.

SIMON

Simon is een rustig en kalm kind, dat door anderen vaak belachelijk wordt gemaakt vanwege zijn afstandelijke en dromerige karakter. In contact met de natuur wandelt hij graag alleen in het bos, waar hij bijzondere sensaties voelt.

Hij voelt een diepe afkeer van de zeugenkop, de Heer der vliegen die een barbaars teken is, tot het punt dat hij hallucinaties krijgt.

Hij wordt gedood tijdens een stammenceremonie, op het altaar van het bijgeloof, wanneer hij de waarheid komt brengen en de wijsheid in hun geest herstelt. Zijn dood betekent het einde van de onschuld van de kinderen.

ROGER

Roger is Jacks tweede man wanneer het nieuwe kamp wordt opgezet. Zodra hij begrijpt dat elke poging tot beschaving zinloos is, geeft hij zich over aan zijn ergste instincten: hij vermoordt Piggy en terroriseert de andere kinderen door ze te vernederen en te martelen.

Hij vertegenwoordigt onmenselijke wreedheid en het plezier van het toebrengen van pijn of het doden. De meest verschrikkelijke aspecten van de mens komen samen in dit ene personage.

ANALYSE

EEN PESSIMISTISCHE KIJK OP DE MENSHEID

William Golding is een moralist die allegorie en metafoor gebruikt om de val van de mens en de triomf van het kwaad te schilderen. *Heer der vliegen* is inderdaad een allegorie van de strijd die kan ontstaan tussen beschaving en barbarij. De roman is bezaaid met spanningen tussen groepsgeest en individualiteit, tussen rationele en emotionele reacties en zelfs tussen moraal en immoraliteit.

Deze tegenstelling wordt gesymboliseerd door de conflicten tussen de kampen van Ralph en Jack:

- Ralph vertegenwoordigt de beschaving. Vanaf het begin zijn zijn eerste handelingen als leider erop gericht enige orde onder de kinderen te scheppen en een stabiele samenleving op het eiland op te bouwen. Spreken en luisteren worden gegarandeerd door de schelp. Piggy brengt intelligentie en reflectie in de groep, wat de basis is van alle menselijke cultuur;

- Jack symboliseert wreedheid en het oncontroleerbare verlangen naar overheersing en macht. De samenleving die hij opbouwt is plezierig en niet gebaseerd op enig democratisch principe. Daarom is de enige manier om zijn groep te beheersen het gebruik van angst, geweld en vernedering.

Ver weg van de volwassen wereld en haar regels doorbreken de kinderen alle door hun opvoeding gestelde grenzen en geven zich over aan brutaliteit en hun primitieve instincten. Ondanks hun jonge leeftijd zijn ze niet onschuldig: geweld en kwaad zitten evenzeer in hen als in iedereen. Het is voldoende om afstand te nemen van morele codes om te vervallen in wreedheid.

Golding heeft een extreem harde kijk op de menselijke natuur: de beschaving is een constructie die aan een zijden draadje hangt en de mens, doorkruist door goed en kwaad, kan alleen aan het laatste toegeven.

EEN STERKE SYMBOLISCHE LADING

Verschillende elementen van het verhaal zijn symbolisch:

- De schelp. Gevonden door Ralph en Piggy, stelt deze hen in staat om alle kinderen die na het ongeluk over het eiland verspreid zijn samen te brengen. Ralph begrijpt de kracht ervan en maakt er een primordiaal voorwerp van in het dagelijkse leven van het kamp: de schelp roept de vergaderingen bijeen en alleen het kind dat hem in de hand heeft, heeft het recht om te spreken. Zo kan iedereen zich uiten en gehoord worden. Daarom is het een symbool van democratie, beleefdheid en orde in de groep. Hoe meer de kinderen vervallen in wreedheid, hoe minder invloed de schelp heeft. De vernietiging ervan tijdens de val van de steen markeert het einde van de tolerantie en het begin van de barbarij;

- Het beest. Een van de kinderen brengt voor het eerst het bestaan van een beest ter sprake. Dit beest neemt verschillende vormen aan: om te beginnen is het een slang, vervolgens een zeemonster en tenslotte een "zwevende figuur" (de parachute). Om hun angst weg te nemen, brengen de eilandbewoners het offers en beschouwen het als een nieuwe godheid. Alleen Simon beseft dat het beest hen allemaal bang maakt omdat het in ieder van hen zit: hoe groter de wreedheid van de jongens, hoe sterker hun angst en hoe meer het monster echt lijkt;

- The Heer der vliegen. Dit is een zeugenkop die Jack op een pin spietst als offer aan het beest. Het dier, een liefdevol en onschuldig gezicht voordat het werd gedood, verandert in een bloederig en duister beeld. Deze verandering staat voor de transformatie die Jack en de anderen ondergaan tijdens hun verblijf op het eiland. The Heer der vliegen wordt de belichaming van het kwaad. Zijn naam is des te symbolischer omdat Beëlzebub (een oude demon) in het Hebreeuws "heer van de vliegen" betekent;

- Piggy's bril. Het is een dubbel symbool: het staat niet alleen voor kennis, cultuur en leren, maar ook voor de sleutel tot het beheersen van het vuur, dat zo essentieel is in de geschiedenis van de mensheid.

REACTIE OP AVONTURENROMANS

Heer der vliegen is een reactie op avonturenromans, met name *Robinson Crusoe* (1719) van Daniel Defoe en *Coral Island* (1857) van Ballantyne, die vertellen over avonturen in onbekende landen. Golding leent Ballantyne's thema van een onbewoond eiland bevolkt met kinderen, maar benadert het onderwerp anders.

Het verhaal van de auteur begint als een eenvoudig avonturenverhaal: de kinderen komen aan in een werelds paradijs en leven in harmonie omringd door de wonderen der natuur. Maar dit geluk is van korte duur: het eiland blijkt schrijnend en verbergt duistere geheimen. Terwijl Robinson, de held van Defoe, erin slaagt de confrontatie met de woeste natuur aan te gaan en toch beschaafd te blijven, is dit niet het geval met de kinderen in *Heer der vliegen*, die hun opgevoede aard vergeten.

Dit genre avonturenverhaal is gebaseerd op een manicheïstisch wereldbeeld, waarin goed en kwaad botsen, net als in het werk van Golding. Degenen die de strijd winnen zijn echter niet dezelfde. In avonturenromans zegeviert het goede en blijven de waarden van de westerse beschaving overeind, terwijl in Goldings roman de duistere kant van de mens wint in een universum zonder moraal.

VERDERE REFLECTIE

ENKELE VRAGEN OM OVER NA TE DENKEN...

- Wat stellen Ralph en Jack respectievelijk voor?

- In welke zin kunnen we zeggen dat *Heer der vliegen* een metafoor is?

- Denk je dat de kinderen onschuldig zijn? Leg je antwoord uit.

- Ontwikkelt Golding in zijn roman een optimistische of een pessimistische kijk op de menselijke conditie?

- Leg de symbolische betekenis van de schelp en de bril uit.

- Leg in je eigen woorden en onder verwijzing naar het boek de democratie uit.

- Welke overeenkomsten en verschillen zijn er tussen *Heer der vliegen* en andere avonturenverhalen?

- Ken je andere verhalen met schipbreukelingen op een onbewoond eiland? Vergelijk ze met het werk van Golding.

- Waarom wordt deze roman volgens u veel gelezen op scholen?

- Denk je dat dit een realistisch werk is? Leg je antwoord uit.

VERDER LEZEN

REFERENTIE-UITGAVE

Golding, W. (1954) *Lord of the Flies.* New York: Berkley Publishing
  Group.

AANPASSINGEN

Lord of the Flies. (1963) [Film]. Peter Brook. Dir. UK: Two Arts Ltd.

Lord of the Flies. (1990) [Film]. Harry Hook. Dir. USA: Castle Rock
  Entertainment.

Alleen. [Comic]. door Vehlmann en Gazotti. 5 delen: Dupuis.

*We horen graag van jou! Laat
een reactie achter op jouw online bibliotheek
en deel je favoriete boeken op social media!*

MUST READ

Waarom kiezen voor Must Read?

Kom alles te weten over een boek
met onze beknopte en diepgaande
samenvattingen en analyses!

Ontdek het beste uit de literatuur
in een compleet nieuw licht!

www.50minutes.com

www.50minutes.com

Master ISBN: 9782808688093
Papier ISBN: 9782808699495
Wettelijk depot: D/2023/12603/1229

Omslag: © Primento

Digitaal ontwerp: Primento, de digitale partner van uitgevers.